소망의 생활

네비게이토 선교회는
국제적이며 복음적인 기독교 기관이다.
예수 그리스도께서는 자기를 따르는 자들에게
"너희는 가서 모든 족속으로 제자를 삼으라"
(마태복음 28:19)는 지상사명을 주셨다.
네비게이토 선교회는 세계 모든 국가에서
예수 그리스도의 일꾼들을 배가시켜
이 지상사명의 성취를 돕는 것을
근본 목표로 하고 있다.

네비게이토 출판사는
네비게이토 선교회의 문서 선교를 담당하고 있다.
본 출판사에서는 그리스도인의 영적 성장을 돕는
서적과 자료들을 출판하여,
그리스도인의 삶의 기초가 견고한
헌신된 제자로 성장하게 하고,
나아가 성숙한 인격과 지도력을 갖춘
일꾼이 되도록 돕고 있다.

소망의 생활

The Life of Hope

(1 Thessalonians)

SCL7

Studies in Christian Living

그리스도인의 생활 연구 제7권

네비게이토 출판사
TO KNOW CHRIST AND TO MAKE HIM KNOWN

유익과 진보

성경공부는 하나의 값있는 모험입니다. 더 나아가서 성경공부는 주님과의 친밀한 교제의 방편이 되고, 그 교제는 마음을 흡족하게 해주며 생활을 변화시킵니다. 위대한 하나님의 사람 조지 뮐러는 이렇게 말했습니다. "우리의 영적 생활의 활기는 우리의 생각이나 생활이 성경에 사로잡혀 있는 정도에 정비례할 것이다. 나는 54년간의 신앙 체험으로부터 이것을 확실히 말할 수 있다. 내가 구원받은 후 첫 4년간 나는 하나님의 말씀을 소홀히 했다. 그 결과로 나는 지식과 은혜 양면에 있어서 어린아이 상태 그대로였다. 내가 열심으로 성경을 연구하기 시작한 후, 그 축복은 말로 다할 수 없었다."

당신은 이제까지 여섯 권의 '**그리스도인의 생활 연구**'를 주제별로 연구함으로써 많은 유익을 얻었을 줄 압니다. 이제부터 공부하려는 7,8,9권에서는 신약성경을 각 장별로 연구하여 그 중심 메시지를 이해하며 그것을 생활에 적용하는 것을 배울 것입니다. 신약성경 중 위대한 세 권의 책(데살로니가전서, 요한일서, 빌립보서)을 잘 공부하게 될 뿐만 아니라 성경공부의 원리를 파악하여 이제부터는 당신 스스로 생활화된 성경공부를 계속할 수 있을 것입니다.

당신은 다음과 같은 방법들을 배울 것입니다.

- 성경을 풀어 쓰는 방법
- 성경을 요약하는 방법
- 성경의 개요를 파악하는 방법
- 참조 구절을 찾는 방법
- 성경을 생활에 적용하는 방법
- 어려운 문제에 대한 답을 찾는 방법

7,8,9권은 당신이 6주 동안에 각 권을 완전히 공부할 수 있도록 엮어졌습니다. 18주 후에는 당신이 성경 구절에 부딪쳤을 때에 외부의 도움을 받지 않고서도 그것을 분석하며 이해할 수 있고 영혼의 양식을 얻으며 당신의 생활에 어떻게 관련시킬 수 있는가를 알게 될 것입니다. 당신이 데살로니가전서를 공부할 때 이러한 목표를 가지고 공부하고 기도하기 바랍니다.

부지런히 그리고 규칙적으로 공부하십시오. 틀림없이 큰 보상이 있을 것입니다.

> "내가 주의 말씀을 얻어먹었사오니 주의 말씀은 내게 기쁨과 내 마음의 즐거움이오나…."
>
> -예레미야 15:16

6권까지의 공부에서 당신은 매주 한 과씩 마치도록 권고를 받아 왔습니다. 이 책 '**소망의 생활**'을 시작할 때에도 한 주에 한 과씩 하도록 계획을 세우십시오. 그 주에 배당된 것을 하기 위하여 매일 15분 내지 20분을 공부하거나 한 번에 한 시간씩 두세 번에 걸쳐서 공부하거나 아니면 앉은 자리에서 한 번에 그 과를 다 마쳐도 좋습니다. 당신에게 가장 합당한 계획표를 작성하여 그것에 충실하십시오.

공부를 시작할 때는 반드시 주님의 도우심을 구하십시오. 당신의 공부를 완성하기 전에는 주석을 참고하지 않는 것이 가장 좋다는 것을 알게 될 것입니다. 그렇게 함으로써 당신이 지금 이해해야 되는 것이 무엇이며 또 그것을 어떻게 생활 속에서 실천해야 할까를 성령께서 당신에게 가르쳐 주실 기회를 드리는 것입니다. 좋은 기도가 있습니다.

"나로 깨닫게 하소서. 내가 주의 법을 준행하며 전심으로 지키리이다."

-시편 119:34

다른 사람이나 혹은 몇몇 사람들이 모여서 자기들이 한 공부를 서로 나누어 보는 것은 성경 연구에 가장 고무적인 유익을 줍니다.

그렇게 하는 것이 당신으로 하여금 주님과 주님의 말씀을 더 잘 알도록 해주며 새롭고 균형 있게 이해하도록 도와줍니다.

데살로니가전서 예비 공부

대부분의 신약 책들은 한 개인이나 교회에 보내진 서신(편지)입니다. 서신을 가장 잘 이해하기 위해서는 배경, 즉 서신을 쓴 사람이 누구이며 누구에게 썼으며 그 주제가 무엇인가를 잘 알아야 합니다. 이 첫 연구에서는 이런 배경들을 알아보겠습니다.

바울 시대의 지중해 지방
흑 해
로마
삼관
이달리아
보디올
마게도냐
빌립보
암비볼리
네압볼리
데살로니가
아볼로니아
베뢰아
드로아
무시아
비두니아
본도
가바도기아
아가야
(그리스)
에게해
브루기아
갈라디아
아시아
안디옥
기오
골로새
비시디아
이고니온
길리기아
아덴
에베소
루스드라
다소
레기온
시실리
고린도
겐그레아
밧모
밀레도
루기아
밤빌리아
더베
안디옥
수라구사
버가
고스
로도
수리아
멜리데
그레데
구브로
살라미
바보
지 중 해
가우다
다메섹
가이사랴
유대
욥바
가사
예루살렘
구레네
아 프 리 카
0
150
300
400
600
750 km

데살로니가는 어디에 있었는가

성경에 언급된 장소를 성경 뒷부분에 있는 지도에서나 혹은 일반 성경 지도에서 찾아보는 습관을 기르십시오. 왼쪽에 있는 고대 그리스 지도(북쪽은 마게도냐, 남쪽은 아가야로 알려져 있음)에서 데살로니가를 찾아보십시오. 데살로니가(지금의 테살로니키)는 로마에서 동 지중해 나라들로 가는 북쪽 대로 상에 위치해 있습니다. 그리고 바울 시대에는 마게도냐의 중요한 도시였습니다. (바울은 약 A.D. 66년까지 살았습니다.)

데살로니가 교회는 어떻게 시작되었나

성경 역사가들은 이 교회가 A.D. 50년 혹은 51년경에 세워졌다고 말하고 있습니다. 성서 핸드북이나 주석, 또는 다른 참고서를 이용하면 데살로니가전서의 배경에 대해 더 많이 알 수 있습니다. 이 교회의 시작에 대한 이야기는 사도행전 17:1-9,13에 나타나 있습니다. 다음 구절들을 주의 깊게 읽고 물음에 답하십시오.

1. 바울이 데살로니가에 도착했을 때(사도행전 17:1-3),
   (1) 그는 어디에서 전도하기 시작했습니까?

   (2) 그의 메시지는 무엇이었습니까?

2. 바울의 전도에 대한 반응을 쓰십시오. (사도행전 17:4)

3. 바울과 실라가 전도할 때 믿지 않는 유대인들은 무슨 비난을 했습니까? (사도행전 17:5-6)

4. 복음이 베뢰아에서도 전파되고 있다는 소식을 들었을 때 유대인들은 무엇을 했습니까? (사도행전 17:13)

5. 이 박해에도 불구하고 몇몇 데살로니가인은 바울이 전한 복음의 메시지에 어떤 반응을 보였습니까? (데살로니가전서 2:13)

6. 바울은 박해 중에서 시작된 이 교회를 어떻게 묘사했습니까? (데살로니가전서 1:6-7)

이 서신은 누가 왜 썼는가

기록자: 사도 바울은 이 편지를 많은 박해로 환난 중에 있는 새로 생긴 교회에 썼습니다. 그 교회에 대한 깊은 관심을 가진 바울은 이들 어린 그리스도인들을 강건케 하기 위하여 디모데를 데살로니가에 보냈습니다. 그리고 디모데를 통해, 그 교회는 잘되고 있었으나 세상을 떠난 신자들에 관하여 슬퍼하며 사후의 문제에 관해서 혼동을 하고 있다는 소식을 듣게 되었습니다.

바울은 그리스도의 재림에 관하여 더 자세히 교훈하고, 자기가 그들에게 대하여 깊은 관심을 가지고 있으며 간절히 기도하고 있다는 것을 알려 주고, 그들로 하여금 거룩한 삶을 살도록 권면하기 위하여 이 편지를 쓴 것입니다. 그는 아마 고린도에서 A.D. 51년 혹은 52년경에 썼을 것입니다.

주제: 그리스도의 재림을 기다리며 거룩한 삶을 살라.

전체의 개관

이 편지의 전체의 개관을 이해하는 것은 당신이 공부할 때에 각 절의 의미를 분명하게 해줍니다. 한 번 자리에 앉을 때마다 데살로니가전서를 한두 번 통독하십시오. 읽을 때마다 각 장에서 거룩한 삶을 권면하는 구절들과 그리스도의 재림을 가르치는 구절들에 밑줄을 그으십시오. 당신이 표시한 구절의 중심 사상을 적어 넣기 바랍니다.

재림에 관한 구절	중심 사상

거룩한 삶을 격려하는 구절	중심 사상

데살로니가전서 1장

예비 공부

이제 당신은 바울로부터 온 이 개인적인 편지의 제1장을 공부할 준비가 되어 있습니다. 우선 이 장을 통독하십시오. 그리고 그것을 다시 한 번 읽으십시오. 당신 자신이 데살로니가 교회에 있다고 생각하십시오. 그리고 그 편지가 바울로부터 지금 막 도착했고 당신과 당신의 가족 그리고 당신의 친구들에게 왔다고 생각하십시오. 제1장의 내용이 마음에 잘 파악될 때까지 세 번 내지 다섯 번 정도 읽으십시오.

다른 번역으로 한두 번 읽어 보는 것이 공부에 유익할 것입니다. 다른 번역을 읽는 것은 당신이 성령께서 가르치시는 사상을 파악하는 데 많은 도움을 줄 것입니다. 당신이 사용할 수 있는 번역들을 몇 가지 소개하겠습니다.

새번역 (대한성서공회)
현대인의 성경 (생명의 말씀사)
현대어 성경 (성서원)
쉬운 성경 (아가페)

읽은 횟수 ______ 번

정의

다음에 열거된 낱말의 뜻을 아는 것이 이 장을 이해하는 데 도움이 됩니다. 가끔 다른 번역을 참고하는 것이 당신에게 생소한 낱말을 이해하는 데 도움을 줍니다. 국어사전 혹은 성경사전을 사용하는 것이 좋습니다. 데살로니가전서 1장에 나오는 몇 낱말들의 정의는 다음과 같습니다.

1절	은혜	받을 만한 가치가 없는 자들에게 거저 주시는 하나님의 자비와 축복.
1절	평강	하나님께로 말미암는 내적 평온과 고요함.
4절	택하심	하나님에 의하여 선택되는 것.
6절	환난	고난을 받음(이 경우에는 복음을 반대하는 유대인들이 준 고통을 말함).
7-8절	마게도냐 아가야	10페이지에 있는 지도 참조.
10절	강림	주님께서 하늘로부터 오심(이 장에서는 주님께서 다시 오심을 말함).

이 장은 무엇을 말하는가

성경 구절이 무엇을 뜻하는가를 결정하기 전에 당신은 그 구절이 무엇을 말하고 있는가를 알고 이해해야 합니다. 그 구절이 무엇을 말하는가를 파악하는 하나의 방법은 그 구절을 단순하게 풀어 써보는 것입니다. 자기 자신의 말로 다시 써보는 것을 말합니다. 풀어 쓸 때에는 그 구절의 의미를 변화시키지 않도록 주의하십시오. 단지 새로운 낱말로 바꾸어 쓰는 것을 말합니다.

(예) 요한복음 3:16- 하나님께서는 세상에 있는 사람들을 굉장히 사랑하셨기 때문에 자기의 오직 하나뿐인 아들을 보내 희생시키셨습니다. 그리하여 그분을 구세주로 믿는 사람은 누구든지 하나님으로부터 영원히 분리되는 운명에 있지 않고 그 대신 영원한 생명을 가지게 될 것입니다.

다음에 데살로니가전서 1:1-5까지 풀어 쓴 것을 당신의 성경과 비교해 보십시오.

1절 나 바울은 실루아노와 디모데와 함께 데살로니가에 있는 신자 여러분에게 편지를 쓰고 있습니다. 여러분은 지금 하나님과 그분의 아들 주 예수 그리스도 안에 있습니다. 그리고 우리는 하나님과 예수 그리스도의 은혜와 평강이 여러분의 것이 되기를 기도하고 있습니다.

2절 우리는 여러분을 위해서 기도할 때마다 여러분 모두를 인하여 하나님께 끊임없이 감사하고 있습니다.

3절 우리는 여러분이 믿음에 따라 실제로 행하는 것과 사랑으로 섬기는 것과 여러분이 하나님 안에서 살아갈 때 인내와 확신을 가지고 그리스도의 오심을 기다리고 있다는 것을 끊임없이 기억하고 있습니다.

4절 참으로 사랑하는 나의 형제 여러분, 우리는 하나님께서 여러분을 택하셨다는 것을 확신합니다.

5절 왜냐하면 우리는 우리가 여러분에게 복음을 전할 때에 그것이 단순히 말로만 전파된 것이 아니고 성령의 권능 안에서, 그리고 큰 확신으로 전파되고 받아들여진 것을 기억하기 때문입니다. 또한 우리가 여러분 가운데서 여러분을 돕기 위하여 어떠한 삶을 살았는가를 기억하기 때문입니다.

이제는 이 장의 나머지 부분을 똑같은 방법으로 풀어 써보십시오. 맨 처음에는 어렵게 보여도 약간만 연습하면 할 수 있습니다. 어떻게 표현해야 할지를 모를 때에는 사전을 사용해 동의어나 그 뜻을 찾아보기 바랍니다.

6절

7절

8절

9절

10절

당신이 풀어 쓴 것을 되풀이해서 읽어 보고 성경과 비교해 보십시오. 당신은 성경에 있는 사상을 완전히 포함시켜 표현했습니까?

다른 성경 구절들은 어떻게 말하는가

10절에서, 디도서 2:13-14과 비교해 볼 때 무슨 진리를 찾을 수 있습니까?

나에게 가장 크게 축복된 것은 무엇인가

풀어 쓴 것이나 성경 본문을 되풀이해서 읽고 기도하십시오. 그리고 당신이 1장을 공부할 때 가장 큰 축복이나 감동이 된 것을 써보십시오.

"마치 그리스도께서 어제 십자가에 못 박히셨고 오늘 부활하셨고 내일 다시 오실 것같이 삽시다."

-마르틴 루터

데살로니가전서 2장

예비 공부

당신은 데살로니가전서 1장의 내용을 기억할 수 있습니까? 당신이 풀어 쓴 것을 복습하십시오. 그러면 데살로니가전서 2장은 1장에서 시작된 데살로니가에서의 바울의 사역과 그 결과에 대한 이야기가 계속되고 있다는 것을 깨닫게 될 것입니다. (원래 신약성경 원본들은 장절의 구분이 없었습니다. 장절들은 후대에 편리를 위하여 덧붙여진 것입니다.)

2장을 두 번 내지 네 번 읽으십시오. 가능하면 다른 번역도 한두 번 읽는 것이 좋습니다.

읽은 횟수 ________번

정의

1절	들어감	바울 일행이 데살로니가를 방문한 것을 뜻함.
2절	능욕	업신여겨 욕하는 것. 모욕.
3절	부정	깨끗하지 아니함.
3절	궤계	불순한 동기나 속임수.
14절	유대	10페이지에 있는 지도 참조.

이 장은 무엇을 말하는가

당신이 절마다 풀어 쓸 때에 그 장 안에서 문단 구분이 될 수 있는가 살펴보는 것이 도움이 될 것입니다. 문단을 내용별로 구분해 보는 것은 그 장을 요약하거나 개요를 파악하는 첫걸음이 됩니다. (8권에서 요약하는 법을 배울 것입니다.)

이런 공부를 위하여 데살로니가전서 2장은 이미 여러 문단으로 구분되어 있고, 각 문단의 첫 부분에 있는 절들은 풀어 써 놓았습니다. 나머지 절들도 풀어 쓰십시오.

제1문단 2:1–8

1절 형제들이여, 여러분은 우리가 여러분을 방문한 것이 결코 헛되지 않았다는 것을 잘 알 줄로 믿습니다.

2절 여러분도 잘 알다시피 우리가 여러분에게로 가기 전에 빌립보에서 심한 박해를 받았습니다. 그러나 하나님의 능력 안에서, 혹독한 반대를 무릅쓰고 여러분에게 담대하게 복음을 선포했습니다.

3절

4절

5절

6절

7절

8절

제2문단 2:9–12

9절 여러분은 우리가 얼마나 수고하며 애쓴 것을 기억할 것입니다. 우리는
여러분에게 경제적인 부담을 지우고 싶지 않았기 때문에 밤낮으로 일
하면서 하나님의 복음을 전파하였습니다.

10절

11절

12절

제3문단 2:13–16

13절 우리는 또한 여러분이 우리의 전도를 받아들인 태도에 대하여 하나님께
끊임없이 감사하고 있습니다. 여러분은 우리가 전한 말씀을 인간의 가르
침으로 받지 않고 하나님의 말씀으로 받아들였습니다. 그렇습니다. 그것은

참으로 하나님의 말씀입니다. 이 말씀이 믿는 여러분의 생활 가운데 계
속해서 열매를 맺고 있습니다.

14절 여러분은 그리스도를 믿는 유대인들을 본받았습니다. 왜냐하면 그들이 그들
의 동족 유대인들로부터 핍박을 받은 것같이 여러분도 여러분의 동족 시민
들로부터 핍박을 받았기 때문입니다.

15절

16절

제4문단 2:17–20

17절 사랑하는 형제 여러분! 비록 우리가 잠시 동안 여러분과 떠나 있었지
만, 우리의 마음은 항상 여러분과 함께 있었고 또한 간절히 여러분을
다시 한 번 보기를 원했습니다.

18절

19절

20절

당신이 풀어 쓴 것을 다시 한 번 읽고 성경과 비교해 보십시오. 2장에 있는 내용을 당신 자신의 말로 충분히 표현했는지 살펴보십시오.

연구 과제

데살로니가전서에서 또 하나의 중요한 주제는 '양육'입니다. 2장을 복습하고 그리스도인의 성장을 돕는 데 관한 구절들을 기록하십시오.

다음 장들에서도 양육의 원리들과 실례에 대한 참조 구절들을 찾아보십시오.

절	중심 사상

"결신은 5%에 불과하고 양육은 95%에 해당한다."

-도슨 트로트맨

다른 성경 구절들은 어떻게 말하는가

1. 2절에 언급된 빌립보에서의 박해는 어떠했습니까? (사도행전 16:23-24)

2. 4절에 있는 바울의 말을 갈라디아서 1:10과 비교해 보십시오. 왜 바울은 그의 복음 전파에서 하나님을 기쁘시게 하려고 했습니까?

3. 11절과 고린도전서 4:14-15을 비교해 볼 때, 바울은 그들과 어떤 관계에 있었습니까?

4. 12절과 골로새서 1:10을 비교하십시오. 하나님께 합당한 생활을 하기 위해서는 어떠한 삶이 따라야 합니까?

나에게 가장 크게 축복된 것은 무엇인가

데살로니가전서 2장을 기도하는 마음으로 복습하고 당신이 발견한 새로운 진리나 혹은 당신이 실천해야겠다고 생각하는 것을 한두 문장으로 표현해 보십시오.

데살로니가전서 3장

예비 공부

제3장을 두 번 내지 네 번 읽으십시오. 적어도 한 번 정도는 다른 번역을 참고하십시오.

읽은 횟수 ______번

이 장의 첫째 낱말은 중요합니다. 어느 사람이 이렇게 잘 말했습니다.

> "여러분이 '이러므로'나 '그러므로'를 발견하면, 왜 그 낱말이 그곳에 쓰여 있는가를 알아보십시오."

그러므로 1장, 2장을 다시 한 번 살펴보십시오. 당신은 데살로니가 성도들의 환난과 그들에 대한 바울의 큰 사랑을 주목해 보았는지요? 3장에서 바울이 취하는 행동은 바로 이러한 이유들 때문입니다.

그들에 대한 바울의 사랑은 1,2장에 나타난 경험들을 통해서 더욱 풍성해졌습니다.

정의

사전을 사용하여 뜻을 밝히지 않은 낱말의 뜻을 찾으십시오.

5절	시험하는 자	마귀, 사탄.
6절	디모데	바울의 동역자 중의 한 사람.
6절	사랑	하나님으로부터 나온 사랑(사랑이란 말은 전 신약성경을 통해 이런 의미를 가지고 있다).
10절	간구	______
10절	온전	______
13절	성도	그리스도를 진실히 믿는 사람(믿음으로 깨끗해졌고 거룩해진 사람).

이 장은 무엇을 말하는가

이 장을 풀어 쓸 때는 다시 한 번 문단 구분을 유의해서 보십시오. 이번에는 문단을 두 번 이상 읽고 전체적으로 풀어 써보십시오. 각 문단의 첫 부분은 당신을 위해서 풀어 써 놓았습니다. 나머지는 당신이 하십시오. 맨 처음에는 연습장에다 쓰고 다음에 책에 쓰기 바랍니다.

제1문단 3:1–5

이런 이유들 때문에 우리는 더 이상 견딜 수 없어서 우리만 아덴에 머물기로 결심했습니다.

제2문단 3:6–10

그런데 디모데가 여러분을 방문하고 돌아와서 여러분의 믿음과 사랑의 좋은 소식과 또 우리가 여러분을 보기를 갈망하는 것과 같이 여러분도 우리에게 따뜻한 관심을 가지고 우리 보기를 열정으로 원한다는 소식을 전했습니다.

제3문단 3:11-13

하나님 우리 아버지와 우리 주 예수 그리스도께서 우리가 여러분을 방문할 수 있도록 길을 열어 주시기를 바랍니다.

3장을 다시 한 번 읽어 보십시오. 당신이 풀어 쓴 것은 성경 내용과 완전히 일치합니까? 문장이 자연스럽습니까?

다른 성경 구절들은 어떻게 말하는가

데살로니가전서 3장에 있는 구절들과 아래 적어 놓은 참조 구절들의 중심 사상을 기록하십시오.

절	참조 구절	중심 사상
4	빌 1:29	성도들이 받아야 하는 고난.
5	벧전 5:8	
8	요삼 4	
10	골 4:12	신자의 영적 성장을 위한 간절한 기도.
12	살전 4:9-10	
13	요일 3:2-3	

어떠한 유익이 있었는가

주님께서는 3장에 있는 어떤 부분의 말씀을 통해서 당신에게 감동을 주셨을 것입니다. 만일 아무런 감동이 없다면 기도하는 마음으로 3장을 다시 읽고 주님께서 당신이 생활과 봉사에서 실행하기를 원하시는 것이 무엇인가를 생각해 보십시오.

당신이 적용하기를 원하는 것과 적용하는 방법을 두세 문장으로 쓰십시오.

하나님께서 당신에게 가르쳐 주신 것을 다른 사람들과 나누고 있습니까? '축복을 유지하려면 그 축복을 나누십시오.'

데살로니가전서 4장

예비 공부

바울은 편지의 첫 부분에서부터 이 장에 대한 기초를 쌓아 왔습니다. 당신은 바울이 데살로니가에 있는 그리스도인들과 지낸 그의 과거의 경험을 이야기하고 데살로니가 교인들이 그리스도께 충성되다고 말해 온 것을 기억할 것입니다.

이런 내용들이 당신이 풀어 쓴 앞 장들에 나타나 있을 것입니다. 어떻게 생활해야 할 것과 그리스도의 재림에 관하여 가르치는 다음 장에 들어가기 전에 앞에 풀어 쓴 것들을 간단히 복습하십시오.

다시 제4장을 여러 번 통독하십시오.

읽은 횟수 ______번

정의

주어진 낱말들의 뜻을 공부하십시오. 뜻을 밝히지 않은 낱말들을 사전에서 찾아서 그 뜻을 기록하십시오.

1절	권면	
3절	거룩함	순결하고 성결한 삶을 위해 깨끗하게 구별되는 것.
3절	음란	
4절	아내	헬라어에서는 몸, 자기, 그릇이라는 뜻이 있음.
5절	색욕	
6절	신원	
13절	자는 자	죽은 자를 가리킴.

이 장은 무엇을 말하는가

다시 이 장에서 당신은 한 절 한 절 대신에 전체 문단을 풀어 쓰십시오. 다음은 첫 문단을 풀어 쓴 것입니다. 다음 두 문단을 똑같은 방법으로 풀어 쓰십시오.

제1문단 4:1–8

여러분은 이미 우리로부터 하나님을 기쁘시게 하는 삶을 사는 방법을 배웠으므로 예수 그리스도를 따르는 자들로서 더욱더 이러한 삶을 힘써 살기 바랍니다. 여러분은 우리가 전해 준 하나님의 명령을 기억할 것입니다. 하나님의 뜻은 여러분이 세상과 구별되어 부도덕한 성생활로부터 여러분을 깨끗하게 지켜 순결한 삶을 사는 것입니다. 여러분 각자는 자기 아내를 거룩함과 존귀함으로 대해야 하며 믿지 않는 세상 사람들이 하는 것같이 정욕의 방탕한 생활을 해서는 안 됩니다. 우리가 전에도 경고한 바와 같이 이런 일들에서 죄를 짓거나 또 이런 일 때문에 남을 해쳐서는 안 됩니다. 왜냐하면 주님께서 반드시 보응하시기 때문입니다. 하나님께서는 우리를 부정한 생활을 하게 하려고 부르신 것이 아니요, 거룩한 생활을 위해서 부르신 것입니다. 그러므로 만일 여러분이 이 명령을 불순종한다면 사람에게 불순종하는 것이 아니요, 우리 안에 그분의 성령을 주신 하나님께 불순종하는 것입니다.

제2문단 4:9–12

제3문단 4:13–18

4장이 말하는 모든 내용을 당신이 풀어 쓴 것에 충분히 포함시켰습니까? 당신의 말을 사용하였습니까? 분명하고 자연스럽게 기록되었습니까?

요약

요약하는 것, 즉 구절들의 내용을 보다 간결한 형태로 압축시켜 보는 것은 당신이 배울 수 있는 또 하나의 좋은 성경공부 방법입니다.

이제 제2문단(9-12절)을 요약해 보십시오. 우선 성경 본문이나 당신이 풀어 쓴 것에서 그 문단을 여러 번 정독해 보십시오.

그리고 그것을 성경에 있는 글자 수의 반 정도로 요약해 보십시오. 맨 처음 부분은 요약해 놓았습니다.

제2문단의 요약 4:9–12

여러분은 하나님의 사랑의 교훈을 실천하고 있으니 나는 더 할 말이 없습니다.

다른 성경 구절들은 어떻게 말하는가

성경은 가장 훌륭한 성경 해석자입니다. 모든 성경을 기록할 때에 성령께서 지도하셨으므로 성령께서는 한 부분을 다른 부분에 밝혀 주어 이해할 수 있도록 하셨습니다.

각 장에 나타난 여러 가지 사상에 대하여 참조 구절을 찾아보는 것은 성경 연구에 가장 중요한 방법 중의 하나입니다.

다음 참조 구절들의 중심 사상을 기록하십시오. 그리고 이 장에 있는 다른 중요한 구절들에 대한 참조 구절을 기록하십시오.

절	참조 구절	중심 사상
3	벧전 1:15	모든 일에 거룩하라.
8	고전 3:16	
14	요 11:25	
17	요 14:3	

이 장은 당신에게 무엇을 말해 주는가

어떤 사람이 무디 선생에게 자기가 성경을 여러 번 읽었다고 자랑했습니다. 무디 선생은 다음과 같이 말했습니다. "중요한 것은 당신이 성경을 몇 번이나 읽었느냐 하는 것이 아니고 성경 말씀이 당신 인격을 얼마나 변화시켰느냐 하는 것입니다." 영적 성장은 성경을 아는 데에 그치지 아니하고 성경의 가르침을 자신의 생활에 적용하는 데 있습니다.

4장을 기도하는 마음으로 다시 읽고 당신의 생활에 적용될 수 있다고 생각하는 구절들을 적어 보십시오.

절	적용할 내용 요약

당신이 적용하려고 적어 놓은 구절들 중에서 하나만 고르십시오. 어떻게 실제적인 방법으로 이 구절을 적용하겠습니까?

도중에 한 과라도 빠뜨리지 않고 지속적으로 성경공부를 할 수 있도록 **제8권**을 미리 구입해 두십시오.

데살로니가전서 5장

예비 공부

만일 그리스도께서 곧 오시리라는 것을 안다면 당신은 무엇을 하겠습니까? 다른 그리스도인들을 어떻게 권면하겠습니까? 당신은 어떻게 살겠습니까? 하나님께서는 우리가 깨어서 준비하기를 원하십니다. 5장에서는 그리스도의 재림에 대한 몇 가지 징조를 보여 주며 실제적인 그리스도인 생활에 대한 많은 권면을 하고 있습니다.

이 공부를 시작하기 전에, 제5장까지 합쳐서 하나의 편지를 완성하기 위해서 앞의 네 장을 풀어 쓴 것을 복습하십시오. 당신이 풀어 쓰기 전에 제5장을 여러 번 읽으십시오.

읽은 횟수 ______번

정의

아래에 기록된 낱말들의 뜻을 공부하십시오. 그리고 나머지 낱말들을 사전에서 찾아서 그 뜻을 기록하십시오.

2절	주의 날	그리스도의 재림의 날과 여기에 수반되는 여러 사건들.
3절	해산 고통	
6절	깨어	정신을 차리고 분별하여.
8절	근신	깨어 현명하게 행동함.
8절	흉배	
11절	덕	
14절	권계	

이 장은 무엇을 말하는가

3장, 4장에서와 같이 절을 무시하고 5장 전체를 문단별로 풀어 써보십시오.

2,3,4문단에 포함될 구절들을 결정한 후에 분명하고 자연스럽게 풀어 써보십시오.

제1문단 5:1-11

내가 그리스도의 재림의 시기에 관하여 상세히 쓸 필요가 없다고 생각합니다. 왜냐하면 여러분은 주님의 날이, 밤에 도적같이 비밀히 오리라는 것을 잘 알고 있기 때문입니다. 사람들이 "만사가 평화롭고 안전하다"고 말할 때 여자에게 해산의 고통이 이름같이 갑자기 파멸이 오는 것입니다. 그러면 아무도 피할 수 없습니다.

제2문단 5:12–

제3문단 5:　–

제4문단 5:　–

요약

이제는 1문단을 성경의 절반의 길이로 요약해 보십시오. 요약하는 방법은 8권에서 좀 더 철저하게 취급하겠습니다. 처음 세 구절은 여러분을 위해서 요약해 놓았습니다.

5:1-11 사람들이 예기치 못할 때 여자의 해산 고통처럼 갑자기 임할 주님의 재림을 여러분이 잘 알므로 더 할 말이 없습니다.

다른 성경 구절들은 어떻게 말하는가

각 참조 구절을 찾아서 5장에 있는 절들과 관계되는 중심 사상을 써 넣으십시오. 또한 5장에 있는 한두 개의 중요한 절에 대한 참조 구절을 기록하십시오. 성경의 다른 부분에서 똑같은(혹 대조되는) 진리나 원리가 나타난 구절을 생각하면서 참조 구절을 찾으십시오. 우선 당신이 기억할 수 있는 구절들에서 참조 구절을 찾으십시오.

마음에 떠오르는 구절이 없으면 성경의 관주나 성구사전에서 찾으십시오.

절	참조 구절	중심 사상
2,3	벧후 3:3-4	
2,3	벧후 3:10	
6	마 26:41	깨어 시험에 들지 않도록 기도하라.
7	요 3:19	
10	롬 14:8	

질문

6절. 이 절에 언급된 '자다'와 10절에 있는 '자다'는 어떻게 다른가?

19절. 성령을 '소멸'한다는 것은 무슨 뜻인가?

이 장은 당신에게 무엇을 말해 주는가

시편 기자는 이렇게 말했습니다. "내가 내 행위를 생각하고 주의 증거로 내 발을 돌이켰사오며"(시편 119:59). 즉 시편 기자는 하나님의 말씀의 가르침에 비추어 그의 생활 습관을 끊임없이 검토해 보는 원리를 이해한 것입니다. 그는 또한 실제적인 적용(곧 그의 생활에 관하여 가르치는 성경 말씀에 순종하는 것)이 중요하다는 것을 깨달았습니다.

데살로니가전서 5장을 기도하는 마음으로 다시 읽고 당신 생활의 어떤 구체적인 면에 적용할 수 있는 절들을 적으십시오.

절	적용할 내용 요약

이제는 이 절들 중에서 당신에게 가장 알맞은 한 절만을 고르십시오. 당신이 어떻게 적용하며 어떻게 시작할까를 두세 문장으로 쓰십시오.

제8권은 〈교제의 생활〉입니다.

8권에서는 요한일서를 공부하게 되며, 다음과 같은 내용을 다루게 됩니다.

- 참된 믿음의 증거는 무엇인가?
- 사랑은 어떻게 나타나는가?
- 구원의 확신의 근거는 무엇인가?

소망의 생활

초판 1쇄 발행 : 1973년 4월 1일
3판 1쇄 발행 : 2011년 6월 1일
3판 7쇄 발행 : 2025년 12월 27일

펴낸곳 : 네비게이토 출판사 ©
주소 : 03784 서울시 서대문구 연희로 16 (창천동)
전화 : 02) 334-3305(대표), 334-3037(주문), FAX : 334-3119
홈페이지 : https://navpress.co.kr
출판등록 : 제10-111호(1973년 3월 12일)

ISBN 978-89-375-0394-8 03230